対訳でたのしむ

葛城《かづらき》

檜書店

目次

凡例

一、下段の謡本文及び舞台図（松野奏風筆）は観世流大成版によった。
一、下段の大成版本文は、横道萬里雄氏の小段理論に従って、段・小段・節・句に分けた。それらはほぼ上段の対訳部分と対応するように配置した。
一、下段の謡本文の句読点は、大成版の句点を用いず、また小段内の節の切れ目で改行した。
一、小段名は舞事などを含む囃子事は〔　〕で、謡事は［　］で括り示した。
一、対訳本文の段は算用数字の通し番号で示して改行し、はじめにその段全体の要約と舞台展開、観世流とその他の流派との主な本文異同を中心に説明を付した。

葛城（かづらき）

竹本幹夫

〈葛城〉（かづらき）

修験の道場として著名な出羽三山《でわさんざん》の一つ、羽黒山《はぐろさん》（山形県）の山伏一行（ワキ・ワキツレ）が、大峰（奈良県吉野郡の大峰山（大峯山））と葛城（奈良県と大阪府の県境にある金剛山系）での山岳修行を目指し、大和路から葛城山に入るが、折からの雪に降り籠められる。そこに現れた山住みの女（前シテ）は、一行を見付けて家に誘い、楚樹《しもと》を焚《た》いて暖を取る様に勧める。楚樹とは葛城山の雪中で結び集めた木々の小枝を言うのだと教えた女は、後夜《ごや》の勤めをする山伏に向かい、自らの五衰三熱《ごすいさんねつ》（天人や神が生涯の間に苦しむ五種の衰相と三種の熱病等の苦患）の悩みを法力で癒して欲しいと頼み、葛城の神と名乗って姿を消す。女神のために通夜読経する山伏達の前に、葛城の神（後シテ）が現れ、大峰葛城両山の間に架橋することを役行者《えんのぎょうじゃ》に命じられたが、容貌の醜さを恥じて日中は仕事を怠ったことの咎《とが》めにより、蔦葛《つたかずら》に身を縛《いまし》められ、五衰三熱に加えてさらなる苦にあえぐわが身を示す。そして見苦しい姿形を恥じつつも、高天原《たかまがはら》の在所とされる葛城山にゆかりの、天の岩戸の前での大和舞を舞い、夜が明ける前に姿を隠す。

《この能の魅力》

葛城山は、大阪府と奈良県の境にある金剛山を主峰とする山系の称であった。現在は同じ山系中の戒那《かいな》山（篠峰）を葛城山と呼び習わす。なお大阪府と和歌山県の境にも和泉葛城山と呼ばれる同名の山がある。本曲の舞台である大和葛城山は、高天原の在所などとして、『大和葛城宝山記』を初めとする中世神道書に称揚される、山伏修行の道場であり、吉野郡の大峰山と並び称される名山である。その霊場にしんしんと降り積もる深雪の美しさがこの能の本領で、雪に降り籠められた山伏の一行が、里女実は葛城の女神の庵に導かれた後の、火を囲んでのほのぼのとした暖かさとの対照にも捨てがたい味がある。

室町中期に観世大夫が後花園上皇の御前で本曲を演じた当時からの観世流所演曲で、観世の能と言ってよい。本曲の題材の一つ、葛城の一言主《ひとことぬし》の神が仕事を怠ったために、役行者が罰として葛で呪縛したという本説の一言主は男神である。もう一つの主材である『古今和歌集』の「大和舞《やまとまい》の歌」も、同集の古注に、「天岩戸にて歌ひて（大神を）呼び奉りし神歌」とあるのだが、歌ったのは大神の甥の嶋根見尊《しまねみのみこと》とされる。これを葛城の女神としたのは本曲作者の工夫なのだろう。しかしこの工夫は能〈三輪〉の影響ではなかろうか。両曲は類似の構想ながら、葛城の明神は天照大神と一体であるわけではなく、大和舞の舞手でもない。舞の段は高天原の故地とされる葛城山を舞台に、岩戸の前で天照大神のために舞われたという所伝の大和舞を舞うという、葛城神の本説である架橋伝説とは無関係の題材である。蔦葛に纏《まと》われる神の苦悩という趣向も、本説由来の設定ながら、通説とは逆に、〈定家〉に触発された疑いが強い。

このような問題はあるものの、山中の雪景色の描写は、他の謡曲中に例を見ない美しさであり、本曲の最大の魅力であろう。

【作者】 不明。寛正六年（一四六五）二月二十八日将軍院参猿楽での観世所演が文献上の初出。

【題材】 一言主の大峰葛城架橋説話は諸書に見えるが、本曲には、『俊頼髄脳《としよりずいのう》』の説話が最も近く、それに『古今和歌集』巻二十大歌所御歌一〇七〇番歌「古き大和舞の歌」を取り合わせて、両説に基づいた趣向を並列する。

【場面】

前場　雪の葛城山の山中。観世のみ、大小前に雪山の作り物。

後場　里女の山中の庵（後刻）。

【登場人物】

前シテ　里女（面は深井《ふかい》〔観世〕または増《ぞう》〔五流〕）

後シテ　葛城の神（増〔五流〕または十寸髪《ますかみ》〔観世〕）

ワキ　羽黒山の山伏

ワキツレ　同行の山伏二人

アイ　里人

1

山伏一行の登場　観世流は後見が大小前に雪山の作り物を出す。観世以外では作り物がない。

〔次第〕の囃子で羽黒山の山伏一行（ワキ・ワキツレ）が登場し、正面先で向き合い、〔次第〕の謡を謡うと、地謡が「地取《じと》り」でそれを繰り返す。山伏（ワキ）は正面に向かい〔名ノリ〕を述べた後、再び他の山伏（ワキツレ）に向き直り、道行の謡を謡い、葛城山到着の由を述べ、折柄の雪を避けようと述べて、脇座に向かう。他の山伏は脇座に着座する。

一曲全体の傾向ながら、この段の詞章は、観世（ワキ方福王も）・宝生《ほうしょう》の上掛《かみがか》りと、金春《こんぱる》（ワキ方下掛宝生も）・金剛《こんごう》・喜多《きた》の下掛《しもがか》り諸流とで多少相違する。

〔次第〕大鼓・小鼓と笛のアシライによる、ゆったりとしたリズムの登場楽。

山伏
同行の山伏　神代の昔の古跡を尋ね求めて、神代の昔の古跡

〔次第〕

〔次第〕ワキ ワキツレ 〽神《カミ》の昔《ムカシ》の跡《アト》とめて、神

を尋ね求めて、大和葛城山にさあ入山しよう。

山伏　私は出羽国の羽黒山（現・山形県）から参った山伏です。私はこの度、大峰山と葛城山とに山伏修行に参ろうと存じます。

山伏　同行の山伏　峯入《みねい》りのために着る法衣の袖には、朝起きる度に霜が置く、大岩の根元を枕とし、松蔭に宿ることを重ねて、幾重にも続く峯みねを辿り、山から山を踏み分け越えて、行けば間もなく大和路に聳《そび》える、葛城山に着いたのであった。とうとう葛城山に着いたのであった。

山伏　急ぎましたので、あっという間に葛城山に着きました。ああ困った。また雪が降ってきました。ここにある木蔭に入ることにしましょう。

2

里女の登場と問答　やや年闌《た》けた印象の水衣出立《みずごろもいでたち》の里女（前シテ）が、雪の降り積もった笠を被り、

の昔の跡とめて、葛城山《カヅラキヤマ》に参らん。

[名ノリ]

ワキ〽これは出羽《デワ》の羽黒山《ハグロサン》より出《イ》でたる山伏《ヤマブシ》にて候《ソオロ》、我この度《タビ》大峯《オオミネ》葛城《カヅラキ》に参らばやと存じ候

[上ゲ歌]

ワキ　ワキツレ〽篠懸《スズカケ》の、袖《ソデ》の朝霜起臥《アサシモオキフシ》の、袖の朝霜起臥《オキフシ》の、岩根《イワネ》の枕松《マクラマツ》が根《ネ》の、宿《ヤド》りもしげき峯続《ミネツヅ》き、山又山《ヤママタヤマ》を分《ワ》け越《コ》えて。行《ユ》けば程《ホド》なく大和路《ヤマトヂ》や、葛城山《カヅラキヤマ》に着《ツ》きにけり、葛城山に着きにけり。

[着キゼリフ]

ワキ〽急ぎ候間《ソオロオアイダ》、程《ホド》なく葛城山に着きて候、あら笑止《ショオシ》や、また雪《ユキ》の降り来《キタ》りて候、これなる木蔭《コカゲ》に立《タ》ち寄《ヨ》らばやと思ひ《イ》候

同じく雪にまみれた二本の楚樹《しもと》を右手に持ち、幕の中から山伏（ワキ）に声を掛け、言葉を交わしながら舞台に入る。脇座に行き掛けた山伏は声を掛けられて向き直り、問答する。地謡になると、二人は庵に向かう様子で、里女は舞台を一巡して後見に笠を脱いで渡し、楚樹の雪を払い、大小前に立つ。山伏は里女に従い、脇座にすわる。

この段も、[問答]には小異が多い。ただし[上ゲ歌]には諸流異同がない。なお、シテ・ワキ同吟の「呉山の雪」は春・喜・下宝は「呉天」で、こちらが原典である『詩人玉屑』（二〇）に一致する。

里女　もうしあそこにおられる山伏は、どちらへお出でなされますか。

山伏　私共のことでしょうか。あなた様はどのようなお方でしょう。

里女　私はこの葛城山に住んでいる女でございます。柴を採りに行った帰り道で、歩き馴れた通り道ですが、激しく吹き付ける雪に目の前が昏《くら》くな

[問答]

シテ〽なう《ノ》なうあれなる山伏は何方《イヅカタ》へ《エ》御通《オントオ》り候ぞ

ワキ〽此方《コナタ》の事《コト》にて候か、御身《オンミ》は如何《イカ》なる人《ヒト》やらん

シテ〽これはこの葛城山に住《ス》む女《ヨンナ》にて候、柴採《シバト》る道《ミチ》の帰《カエ》るさに、踏《フ》み馴《ナ》れたる通路《カヨイヂ》をさへ《エ》、雪《ユキ》のふぶきにかき

り、家路もはっきりとは判らなくなるほどですのに、ましてや不案内の旅のお方が、どこへ向かおうとなさるのか、この雪の降る山中で道に迷われるのはお気の毒です。見苦しい所ではございますが、私の小宅で一夜をお過ごし下さい。

山伏　嬉しい仰せですね。今が初めてというわけではなく、実は何度も峯入り修行をして通い馴れているはずの山道なのですが、この吹雪に立ち往生しておりましたので、ご芳志は何ともありがたく存じます。さてお宅はどのあたりでしょうか。

里女　この険しい細道の先にある、谷の下の庵です。お見苦しい所ですが、降り続いている雪が止むまでの間、どうぞお体をお休め下さい。

山伏　それでは付いて参りましょうと言って、夕暮れ時の日の当たらぬ山陰から、

里女　普段でも険しい細道を辿って

昏《ク》れて、家路《イエヂ》もさだかに辨《ワキマ》へ《エ》ぬに、ましてや知《シ》らぬ旅《タビ》人《ビト》の、末何処《スエイヅク》にか雪《ユキ》の山路《ヤマヂ》に迷《マヨ》ひ《イ》給《タモ》ふ《オ》は痛《イタ》は《ワ》しや、見《ミ》苦《グル》しく候《ソオラ》へ《エ》ども、わらは《ワ》が庵《イオリ》にて一夜《イチヤ》を御明《オンナカ》し候へ《エ》

ワキ〽嬉《ウレ》しくも仰《オオ》せ候ものかな、今《イマ》に始《ハジ》めぬこの山《ヤマ》の度々《タビ》峯入《ミネイリ》して、通《カヨ》ひ《イ》馴《ナ》れたる山路《ヤマヂ》なれども、今《イマ》の吹雪《フブキ》に前後《ゼンゴ》を忘《ボオ》じて候に、御《オン》志《ココロザシ》　ありがたう《トオ》こそ候へ《エ》、さて御宿《オンヤド》りは何処《イヅク》ぞや

シテ〽この岨伝《ソワヅタ》ひ《イ》のあなたなる、谷の下庵《シタイオ》見苦しくとも、程《ホド》ふる雪《ユキ》の晴間《ハレマ》まで、御身《オンミ》を休《ヤス》め給《タモ》ふ《オ》べし

ワキ〽さらば御供《オントモ》申さんと、夕《イウ》べの山の常蔭《トカゲ》より

シテ〽さらでも嶮《サカ》しき岨伝《ソワヅタ》ひ《イ》を

山伏　道案内をする山住みの人の

里女
山伏　まさに北の呉国《ごこく》では山に降る雪が積もった笠の重さ、南の楚国《そこく》では軽やかに落花を踏む靴の芳《かんば》しさという詩があるが、（この雪中では、）

地　肩の上、頭に被った笠をうつむき傾けると、光を発しない満月のように雪は笠を覆《おお》い、頭ならぬ肩に担いだ柴にも、香らぬ花を手折って来たかのように雪は降り積もる。山人の後ろ姿は、笠も薪も雪に埋もれつつ、雪の降りしきる谷への道を探り探りしながら帰る内に、しばらくして柴で拵《こしら》えた質素な小家に着いた。柴の庵にとうとう着いた。

ワキ　〽道《ミチ》しるべする山人《ヤマビト》の

シテ
ワキ　〽笠《カサ》は重《オモ》し呉山《ゴサン》の雪《ユキ》、鞋《クツ》は香《コオ》ばし楚地《ソヂ》の花《ハナ》

［上ゲ歌］

地　〽肩上《ケンショオ》の笠には、肩上の笠には、無影《ムヨオ》の月《ツキ》を傾《カタム》け、担《タン》頭《トオ》の柴《シバ》には、不香《フキョオ》の花を手《タ》折《ヲ》りつつ。帰《カエ》る姿《スガタ》や山人《ヤマビト》の、笠《カサ》も薪《タキギ》も埋《ウツ》もれて、雪《ユキ》こそくだれ谷《タニ》の道《ミチ》を、たどりたどり帰り来《キ》て、柴《シバ》の庵《イオリ》に着《ツ》きにけり、柴の庵に着きにけり。

3

庵の中での問答　里女（前シテ）は正中《しょうなか》に座し、山伏（ワキ）と問答になる。［上ゲ歌］の途中で里女は楚樹を持ち山伏の前に行き、枝を置き扇《あお》いで火を焚《た》く仕草《しぐさ》をした後、［クセ］で立ち大小前《だいしょうまえ》に行

き、謡に合わせて舞い、再び正中で着座して山伏に向かう。なおこの詞章内容は火を焚きながらの問答なので、居《い》グセとする演出もあるが、古くから舞《まい》グセになるのが定型。中入《なかいり》ではないのに[クセ]に返しがあるのは、〈浮船〉に似た異例の形である。ここもセリフ部分に異同が多いが、それ以外の謡の部分での異同は、[クセ]の中にある「そみかくた」という言葉が、観世以外の諸流すべてが「そみかくだ」と濁る点のみである。

山伏　ああ嬉しく存じます。今の雪で途方に暮れておりましたところに、今夜のお宿はたいそうありがたいことです。

里女　あまりに夜寒でございますので、ここにある楚樹《しもと》をほどいて、火を焚いて当てて差し上げましょう。

山伏　面白いことをおっしゃいますね。「楚樹」というのは、この柴木の名前なのでしょうか。

[問答]

ワキ〽あら嬉《ウレ》しや候《ゾオロ》、今《イマ》の雪《ユキ》に前後《ゼンゴ》を忘《ボオ》じて候処《ソオロオトコロ》に、今宵《コヨイ》のお宿返《ヤドカエ》す返《ガエ》すもありがたう《トオ》こそ候へ《エ》

シテ〽余《アマ》りに夜寒《ヨサム》に候程《ホド》に、これなる楚樹《シモト》を解《ト》き乱《ミダ》し、火《ヒ》に焚《タ》きてあて参らせ候べし

ワキ〽あら面白《オモシロ》や楚樹《シモト》とはこの木《キ》の名《ナ》にて候か

里女 あらいやですこと、この雪中の葛城山で集めて結んだ木々の枝を「楚樹」と呼ぶとご存じないのは、風雅のお心得がないように聞こえますよ。

山伏 いよいよ面白い。この「楚樹」という木は、葛城山に由緒のある木なのですね。

里女 申すまでもないこと、古歌に詠まれた言葉なのです。柴を束ねて結んだ葛というのをこの葛城山の名前にこと寄せて、「楚樹結ふ葛城山」と歌に詠まれているのです。この歌は（宮中の祭祀に舞われる）大和舞を舞うための大和歌だとされています。

山伏 まことにこの大和舞の歌が詠まれた、（この葛城山が舞台であったと伝える高天原の天岩戸隠れの神代の）昔を思い出せば、

里女 その歌の言葉のように、折から雪も、

山伏 （「間なく時なく」とこの歌にあるようにひっきりなしに）

シテ 〽うたてやなこの葛城山の雪の中《ウチ》に、結《ユイ》ひ集《アツ》めたる木々《キギ》の梢《コズエ》を、楚樹《シモト》と知ろし召《メ》されぬは御心《オンココロ》なきやう《ヨオ》にこそ候《ソオラエ》へ

ワキ 〽あら面白《オモシロ》やさてはこの、楚樹《シモト》と云《イ》う《ウ》木《キ》は葛城山に、由緒《ユヰショ》ある木にて候よなう《ノオ》

シテ 〽申すにや及《オヨ》ぶ古《フル》き歌《ウタ》の言葉ぞかし、楚樹《シモト》を結《ユイ》ひたる葛《カヅラ》なるを、この葛城山の名《ナ》に寄《ヨ》せたり、これ大和舞《ヤマトマイ》の歌《ウタ》と云《イエ》へり

ワキ 〽げにげに古き大和舞の、歌の昔《ムカシ》を思ひ出《イデ》の、

シテ 〽折《ヲリ》から雪《ユキ》も

ワキ 〽降《フ》るものを

降っているのですね。

地

楚樹結ふ葛城山に降る雪は間なく時なく思ほゆるかな（『古今和歌集』巻二〇大歌所御歌一〇七〇番歌）（柴木を束ね結ぶ蔦葛を思い起こさせる葛城山。この神代の聖地葛城山にひっきりなしに降る雪のように、いつもいつも（岩戸に隠れ給うた御神のことが）思い起こされる事よ）と詠まれた歌の言葉に合わせて舞う大和舞の、風にめぐる雪のように翻す袖。その舞にまつわる物語は遥かいにしえの神代のこと。高間の山と呼ばれた葛城山の、遥かな峯の白雲のように（遥か昔と）思っていたが、実はこの山の柴の庵の夕べに焚く柴木の煙のように身近な物語なのだから、（それを聞くために）神にゆかりの楚樹に松の枝も加えて勢いよく焚こう。松の枝を加えて焚こう。

地

葛城や木の間に光る稲妻は山伏の打つ火かとこそ見れ（『永久四年百首』秋十八首二七八番歌、源兼昌、『夫木抄』五〇七八番歌にも。いずれも上の句後半が「木

［上ゲ歌］

地　＼楚《シモ》樹《ト》ゆ《イ》ふ《ウ》、葛城山に降《フ》る雪《ユキ》は、間《マ》なく時《トキ》なく、思《オモ》ほゆるかなと詠《ヨ》む歌の、言《コト》の葉《ハ》添《ソ》へ《エ》て大和舞《ヤマトマイ》の、袖《ソデ》の雪も古《フル》き世《ヨ》の。外《ヨソ》にのみ、見《ミ》し白雲《シラクモ》や高間《タカマ》山《ヤマ》の、峯《ミネ》の柴屋《シバヤ》の夕煙《イウケムリ》、松《マツ》が枝《エ》添《ソ》へ《エ》て焚《タ》か《コ》う《オ》よ、松が枝添へ《エ》て焚か《コ》う《オ》よ。

［クセ］

地　＼葛城や、木《コ》の間《マ》に光る稲《イナ》妻《ヅマ》は、山伏の打《ウ》つ、火《ヒ》かとこそ見《ミ》れ、げにや世《ヨ》の中《ナカ》

蔭に光る稲妻を」となる)

(この葛城山の木々の間に稲妻が光ると、それはあたかも山伏の打ち出す清めの切り火のように思われる)

という歌のごとく、まことに世の中は、稲妻や朝の間だけ葉に置く露、火打ち石で打ち出す火花のように、一瞬のことなのだと悟らねばならぬ。このわが身の嘆きをも焚き火にくべる投げ木に取り添えて、いっそう募る思いと共に、柴を焚こう。

里女　世捨て人の質素な衣の色は深く

地　仏法に染まっていることを示す濃い墨染めの色なのに、袖はそのまま純白の雪に色を染められたかのように、山伏の篠懸衣《すずかけごろも》もますます真っ白に霜が置くほどだから、凍った小枝を集め柴を燃やして、寒風を防いでいるこの葛城山。その山で修行する山伏の名前通りに、袖を片敷き枕にして、体をお休め下さい、お体をお休め下さい。

は、電光《デンクヮ》朝露石《チョオロイシ》の火《ヒ》の、光《ヒカリ》の間《マ》ぞと思へ《エ》ただ、我が身《ミ》の、嘆《ナゲ》きをも取《ト》り添《ソ》へ《エ》て、思ひ《イ》真柴《マシバ》を焚《タ》かう《コオ》よ。

シテ　〽捨人《ステビト》の、苔《コケ》の衣《コロモ》の色深《イロフカ》く、

地　〽法《ノリ》に心《ココロ》は墨染《スミゾメ》の、袖《ソデ》もさながら白妙《シロタエ》の、雪にや色をそみかくたの、篠懸《スズカケ》も冴《サ》えまさる、楚樹《シモト》を集《アツ》め柴《シバ》を焚《タ》き、寒風《カンプウ》を防《フセ》ぐ葛城の、山伏の名《ナ》にし負《オ》ふ《オ》、かたしく袖《ソデ》の枕《マクラ》して、身《ミ》を休《ヤス》め給《タマ》へ《エ》や、御身《オン》を休《ヤス》め給へ《エ》や。

4

里女の中入《なかいり》　篠懸を乾《ほ》して後夜《ごや》の勤めを行おうとする山伏（ワキ）に、里女（前シテ）は苦しみの心を癒すべく加持祈祷を願う。不審する山伏に、女は三熱の苦しみに悩む神体であることを告白し、大峰葛城の間の架橋を怠ったために、不動明王の神罰に苦しめられている葛城の神であると名乗って、地謡の途中で立ち上がり、姿を消す様子で、作り物（観世以外は幕）に中入する。
この段も観（福王も）・宝両流の上掛りと、春・剛・喜・下宝の下掛り四流とで問答部分に異同がある。

山伏　ああ嬉しや、篠懸を乾かすことが出来ました。すぐに明け方の勤行を始めることにしましょう。

里女　仏事のおん勤めとはありがたいこと。私は苦しんでいることがあります。お勤めのついでに、その苦しみを除くために加持祈祷して下さいま

［問答］

ワキ〽あら嬉《ウレ》しや篠懸《スズカケ》を乾《ホ》して候ぞや、急ぎ後夜《ゴヤ》の勤《ツト》めを始《ハジ》めばやと思ひ《イ》候

シテ〽御勤《オンツト》めとはありがたや、我に悩《ナヤ》める心《ココロ》あり、御勤《オンツト》めの序《ツイデ》に祈《イノ》り加持《カヂ》して賜《タマワ》はり候へ《エ》

せ。

山伏　そもそもあなたに苦悩がおありとは、どういうことなのでしょうか。

里女　そうでなくても女は、五つの善道に生まれ変わることが出来ない罪深い身とされておりますのに、私はそれに加えて、この葛城山の名前にもなっている蔦葛で身を縛られたうえ、三熱《さんねつ》という三種の苦患《くげん》までも負っているのです。わが身をお助け下さいませ。

山伏　そもそも神様でもないのに、三熱の苦しみということがありましょうや。

里女　申し上げるのも恥ずかしいことながら、その昔、仏道修行の山伏にお渡り頂くための、岩橋を大峰葛城の間に掛ける仕事を怠った、そのお咎めとして、不動明王の索縄《さくじょう》でわが身を縛られ、いまだに苦しみが止むことのない身なのです。

ワキ〽そも御身《オンミ》に悩《ナヤ》む事《コト》ありとは、何《ナニ》と云《イ》ひたる事やらん

シテ〽さなきだに女は五障《ゴショオ》の罪深《ツミフカ》きに、法《ノリ》の咎《トガ》めの呪詛《シュソ》を負《オ》ひ、この山の名にし負ふ蔦葛《ツタカツラ》にて身《ミ》を縛《イマシ》めて、なほ《オ》三熱《サンネツ》の苦《クル》しみあり、この身を済《タス》けて賜《タ》び賜《タマ》へ

ワキ〽そも神《カミ》ならで三熱の、苦しみと云《イウ》ふ事あるべきか

シテ〽恥《ハヅ》かしながら古《イニシエ》の、法《ノリ》の岩橋架《イワハシカ》けざりし、その咎《トガ》めとて明王《ミョオヲオ》の、索《サツク》にて身を縛《イマシ》めて、今《イマ》に苦しみ絶《タ》えぬ身なり

山伏　なんと不思議なお言葉。それではあなた様はその昔の葛城明神で、その時からの苦しみを晴らしがたいというわけでございますね。

里女　この山の岩の一つがそのまま神体となって

山伏　ご神体と語り伝えられながら蔦葛の這《は》い纏《まと》う、あの大岩を、

里女　いくら払い撫でても葛の葉は尽きることもなく、

山伏　葛は這い纏わり広がって、

里女　湿った露が置き、

里女 山伏　冷たい霜にさいなまれて、寝ても覚めても、立っていようが座ろうが、この重い岩戸の内側で、

地　夜が明けて明るくなるのが辛く悲しい葛城の神、その神には五衰の苦しみということまであるのです。加持祈祷してお助け下さいませと、言う

［掛ケ合］

ワキ　〽これは不思議《フシギ》の御事《オンコト》かな、さては昔《ムカシ》の葛城の、神《カミ》の苦《クル》しみ尽《ツ》き難《ガタ》き

シテ　〽石《イシ》は一つの身体《シンタイ》として

ワキ　〽蔦葛《ツタカヅラ》のみかかる巌《イワオ》の

シテ　〽撫《ナ》づとも尽《ツ》きじ葛《カヅラ》の葉《ハ》

ワキ　〽這《ハ》ひ廣《ヒロ》ごりて

シテ　〽露《ツユ》に置《オ》かれ

シテ ワキ　〽霜《シモ》に責《セ》められ起臥《オキフシ》の、立《タチ》居《ヰ》も重《オモ》き岩戸《イワト》の内《ウチ》

［歌］

地　〽明《ア》くるわびしき葛城の、神《カミ》に五衰《ゴスヰ》の苦しみあり、祈《イノ》り加持《カヂ》して賜《タ》び給《エ》へと、岩《イワ》橋《ハシ》の末絶《スエタ》えて、神隠《カミガク》れにぞ

やいなや、姿を見失って、神隠れになってしまわれた。神の姿は見えなくなってしまわれた。

5

里人の登場と語り　葛城山の麓に住む里人（アイ）がやってきて、葛城明神の神前に居並ぶ山伏（ワキ・ワキツレ）を見て不思議がるが、山伏の求めに応じ、葛城山の岩橋のいわれ、明神が役行者《えんのぎょうじゃ》の怒りを買い縛《いまし》められた話をして、逗留《とうりゅう》の間は御用を承ろうと言って狂言座へ退き、後に切戸口《きりとぐち》から退場する。

6

山伏一行の読経　山伏達（ワキ・ワキツレ）は脇座で一心に祈りを捧げ、葛城の明神に手向ける。この部分の異同はほとんどなく、ワキの「一心敬礼」が、観・剛は「キョオライ」、宝・春・喜・下宝は「ケイレイ」と謡う。なおワキ方福王流も「ケイレイ」。

山伏
同行の山伏
岩橋の苔を思わせる質素な法衣の袖を合わせ、

なりにける、神隠れにぞなりにける。

【中入】

［問答・語リ］
（狂言問語アリ）

［上ゲ歌］
ワキ
ワキツレ
〽岩橋《イワハシ》の、苔《コケ》の衣《コロモ》の袖添《ソデソ》へ《エ》て、苔の衣の袖添へ《エ》て、筵《むしろ》の敷かれた床を法事の場《にわ》として、法《のり》の筵の床の常永久《とことわ》に、読経看経《どきょうかんきん》して夜もすがら、かの葛城の神慮を慰めよう。神慮のままに夜に行う仏事の声は澄み渡り、

山伏 一心に仏を礼し奉る。

法《ノリ》の筵《ムシロ》の永久《トコトワ》に、法味《ホオミ》をなして夜《ヨ》もすがら、かの葛城の神慮《カミゴコロ》、夜《ヨル》の行《オコナ》ひ声《コエ》澄みて

〔誦〕

ワキ〽一心敬礼《イッシンキョオライ》

7

女神の登場 〔出端《では》〕の囃子に合わせて女神姿の葛城の神（後シテ）が作り物の引回《ひきまわ》シをおろし、登場する（観世以外は幕から登場し、常座《じょうざ》に立つ。小書《こがき》により作り物から登場する場合もある）。このシテ謡は諸流で異同がない。

〔出端《では》〕笛と大小鼓、太鼓で囃す、テンポのよい登場楽。

女神 葛城の神である私が夜の間に姿を現したのは、五衰の苦しみに悩んでいる迷いを、円月に比せられる最高の悟りによって覚まされたからであ

〔出端〕

〔名ノリザシ〕

後シテ〽われ葛城の夜《ヨ》もすがら、和光《ワクヲオ》の影《カゲ》に現《アラワ》れて、五衰《ゴスヰ》の眠《ネム》りを無上正覺《ムジョオショオガク》の月《ツキ》に覚《サマ》し、法性真如《ホッショオシンニョ》の寶《タカラ》の山に、法味《ホオミ》に引《ヒ》かれて来《キタ》りたり、

る。まことの宝の山である葛城山に、仏法の妙味に引かれて来たのだから、よくよく法事をお勤めなされよ。

よくよく勤《ツト》めおは《ワ》しませ。

8

山伏と女神の応答　脇座から山伏（ワキ）が常座に立つ女神（後シテ）に声を掛け、女神は不動明王の索縄《さくじょう》に縛られ、しかも三熱の苦にも沈むわが身を嘆き、見苦しい容貌を恥じつつも、高天原の昔の大和舞を舞おうという。

この段の本文の異同は、［掛ケ合］のワキの言葉「玉の簪玉葛の」が「……玉葛に」（春・剛・喜・下宝）、それに答えるシテの言葉が節ではなく詞になる（剛・下宝）、次の「なほ三熱の」以下がシテ謡のままで、「年降る雪や／楚樹ゆふ」がワキ／シテと、観世ほかの諸流とは逆の分担になる（剛）、［上ゲ歌］の「いちじるき」が「いちしるき」（観世以外）の四点。

山伏　不思議なことよ、聳《そび》え立つ山の岩陰から、女神

［掛ケ合］

ワキ〽不思議《フシギ》やな峨《ガ》々たる山の常陰《トカゲ》より、女体《ニョタイ》の神《シン》とお

姿にふさわしく、宝玉のかんざしや髪飾りを身につけられ、さらに加えて浄衣は蔦葛にまとわりつかれて、

女神 これをご覧下さいませ。不動明王の索縄が絡みつき、こんなにわが身を締め付けて、

山伏 さらには三熱の苦しみにも苛《さいな》まれる神のお苦しみは、

女神 年を経ても変わることはないのだ。太古から降り続いているかのような深雪は、

山伏 「楚樹ゆふ」（と歌に詠まれた通りに、）

地 葛城山に降り積もる。この葛城に岩橋を架けようとした昔と同様に、この夜にお姿を現されたが、月の光が照り返す、白一色の雪明かりの中に、夜なのにたいそうはっきりとご神体が浮かび上がった。醜い容貌の神姿はいかにも恥ずかしいことながら、よしよし吉野の奥の大峰山から橋

ぼしくて、玉《タマ》の簪《カンザシ》玉鬘《タマカヅラ》の、なほ懸《カ》けそへ《エ》て蔦葛《ツタカヅラ》の、這《ハ》ひ纏《マトワ》はるる小忌衣《ヲミゴロモ》

シテ〽これ見《ミ》給へ《エ》や明王《ミヨオヲオ》の、索《サツク》はかかる身《ミ》を縛《イマシ》めて

ワキ〽なほ三熱《オサンネツ》の神慮《カミゴコロ》

シテ〽年《トシ》ふる雪や

ワキ〽楚樹《シモト》ゆふ《イウ》

［歌］

地 〽葛城山の岩橋の、夜《ヨル》なれど月雪《ツキユキ》の、さもいちじるき神体《シンタイ》の、見苦《ミグル》しき顔《カオ》ばせの、神姿《カミスガタ》は恥《ハヅ》かしや。よしや吉野《ヨシノ》の山葛《ヤマカヅラ》、かけて通《カヨ》へ《エ》や岩橋の、高天《タカマ》の原《ハラ》はこれなれや、神楽歌始《カグラウタハジ》めて、大《ヤマ》

を架けて、（山伏に）通わせようとした、ここ葛城山こそがあの高天原の故地なのだから、神楽歌を歌い始め、（神代の昔に岩戸の前で奏した）大和舞をさあ舞い奏でよう。

和舞《トマイ》いざや奏《カナ》でん。

9

女神の大和舞《やまとまい》　女神（後シテ）は「降る雪の」の謡の後、高天原の天岩戸の前で舞われたという大和舞を舞う心持ちで、太鼓入り序ノ舞を舞う。ここをすべてシテ謡とするのは観世と福王のみ。すべて地謡とする（春・剛）、「降る雪の」のみがシテ謡で以下地謡となる（宝・喜・下宝）と異同がある。また宝生・下宝のみ、「シラニギテ」を「シラニキデ」と謡う。

女神　降り続く雪の白さ、霜のように白いしもと、生《き》地《じ》のままの木綿幣《ゆうしで》の白さよ。

［（下ノ詠）］
シテ〽降《フ》る雪の、楚樹木綿花《シモトイウバナ》の、白和幣《シラニギテ》。

〔序ノ舞〕　初め、序の段で大小太鼓に合わせた足遣いを見せた後に、囃子に合わせて静かな舞を舞

〔序ノ舞〕

う。この舞は通常四節（本来は五節、下掛りは六節）から成る。

10

高天原の舞と結末　女神（後シテ）は謡に合わせて舞を舞い、舞台を数巡した後、常座で舞い留める。この段の詞章の異同は、「神のカオガタチ」を「カオカタチ」と澄む（春・剛・下宝）、「あさまにもなりぬべし」の末尾が「なりぬべき」となる（春・剛・下宝）、「岩戸の内に」が「岩戸の内にぞ」となる（観世・福王以外）の三箇所。

地　この舞は高天原の岩戸の舞、高天原の岩戸の前で舞を舞えば、真向かいには天香具山《あまのかぐやま》も見渡される。月は白々と冴え、雪の白さに照り映えて、どこを見ても白一色の明るい景色なのに、うわさに高い葛城山の神は、お顔がさらされては何とも決まりが悪く、恥ずかしくも見苦しい。もう姿がすっかり見えてしまうから、夜明け前にと葛城の神は、夜が明けぬ内にと葛城の神は、

［ノリ地］

地　〽高天《タカマ》の原《ハラ》の、岩戸《イワト》の舞、高天の原の、岩戸の舞、天《アマ》の香具山《カグヤマ》も、向《ムカイ》ひに見《ミ》えたり、月白《ツキシロ》く雪《ユキ》白く、いづれも白妙《シロタエ》の、景色《ケシキ》なれども、名《ナ》に負《オ》ふ《オ》葛城の、神《カミ》の顔《カオ》がたち、面《オモ》なや面はゆや、はづかしや浅《アサ》ましや、あさま

まだ夜の間に岩戸にお隠れになった。岩戸の中にお隠れになってしまわれた。

にもなりぬべし、明《ア》けぬ前《サキ》にと、葛城の、明けぬ前にと、葛城の夜《ヨル》の、岩戸《イワト》にぞ入《イ》り給ふ《タモオ》、岩戸の内《ウチ》に、入り給ふ《オ》。

〈葛城〉の舞台

観世流シテ方・河村　晴久

葛城は雪の能である。人間的な苦悩を持つ葛城の神が、降り積もる雪の中に現れる。白い清浄無垢な世界、さらに古代の大和舞《やまとまい》のおおらかな雰囲気もあり、魅力的な能である。

囃子方、地謡が着座し、〔次第〕の出の囃子が演奏されると、遙々の道程を歩む雰囲気で山伏（ワキ・ワキツレ）が登場する。舞台上で互いに向き合い、僅か数足歩行することにより葛城山に到着する。木陰に雪を避ける心でワキ座に着くと、揚幕の内から女（前シテ）が呼び掛けてくる。雪を戴いた笠を被り、持つ小枝にも雪が絡む。橋掛りを隔てて、雪山の距離感が表される。やがて女は山伏を同道して谷を下る。僅かな歩行ではあるが、「たどりたどり」と雪山の風情を表しながら庵に帰り着く。笠を取り、小枝の雪を取ると、そこは庵の中。火を焚き暖めようと、楚樹《しもと》のことを語る一段となり、山伏の側に小枝を置き、扇にて煽《あお》ぎ暖をとる。何気なく煽いでいるが、煙が山伏に行かないように扇を用いる。クセ（13頁）の部分はほぼ定型の所作が続く。定型でありながら、雪中のこの能の風情が深まるところが面白い。山伏に葛城の神であることを明かし、救いを求める。ほんの僅かな面の傾き、体の使い方で、深い苦しみ、切なる救済の希求を表し、やがて姿を消す。（中入《なかいり》）里人（アイ）が現れて、山伏の問いに答え、山伏が祈ると、葛城の神（後シテ）が現れ、加持祈祷に感謝して、大和舞を奏でる。見苦しい顔ばせと謡われるが、能舞台では美しく、端正な姿を見せる。

大和舞の小書《こがき》（替えの演出）では、まず舞台に雪山の作り物（大道具）を出す。女の装束も常の水衣《みずごろも》を羽織る姿から、白練《しろねり》や縫箔《ぬいはく》の壺折《つぼおり》あるいは縷水衣《よりみずごろも》に変わり、柴を背負い杖を突く。中入では「神隠れにぞなりにける」と雪山の中に姿を消し、この中で装束を変える。後場では雪山の中から葛城の神の声が聞こえ、白い引廻《ひきまわし》（幕）が下りると、中に神姿が現れる。〔序ノ舞〕の部分が〔神楽〕を元にした大和舞に替わり、御幣《ごへい》を用いて、よりいっそう神さびた感じになる。キリ（終曲部）の「高天の原の岩戸の舞」以下の部分の謡に緩急がつき、「明けぬ前にと葛城の」と東の空を見て、謡の内に入幕して姿を消し、山伏が後を見送って脇留《わきどめ》となる。

面《おもて》—増《ぞう》など。

天冠《てんかん》—女神や天女の冠。金色で透かし模様がある。通常中央に月輪を立てるが、替えの演出では紅葉した葛の葉をつける。

中啓《ちゅうけい》—先端がひろがった扇。端紅（端が赤色）の葛扇を使う。

長絹《ちょうけん》—絽《ろ》の薄地に金糸や色糸で模様を織りだした装束。飾り紐の露をつける。演出により舞衣を用いる。

緋大口《ひのおおくち》—赤い袴。長絹に緋大口を着けると、格調高く舞を舞う姿となる。大口の後側の生地は張りを持たせるために特殊な畝織《うねおり》になっている。

雪山—大和舞の替えの演出の時に用いる。竹で形を作り、包子《ぼうじ》（白い布）を巻く。頂には柃《ひさかき》の葉を挿し、白い引廻《ひきまわし》（幕）を掛け、葉の上には雪綿を置く。

雪楚樹—小枝に雪綿を付ける。

能の豆知識

シテ　能の主役。前場のシテを前シテ、後場を後シテという。

ワキ　シテ（主役）の相手役。脇役のこと。

ツレ　シテやワキに連なって演じる助演的な役。シテに付くものをツレ（シテツレともいう）、ワキに付くものをワキツレという。

間狂言《あいきょうげん》　能の中で狂言方が演じる役。アイともいう。狂言方の主演者をオモアイ、助演者をアドアイとよぶ。

地謡《じうたい》　能・狂言で数人が斉唱する謡。謡本に「地」と書いてある部分。地ともいう。能では舞台右側の地謡座と呼ばれる場所に八人が並び謡う。シテ方が担当する。

後見《こうけん》　舞台の後方に控え、能の進行を見守る役。装束を直したり小道具を受け渡しするなど、演者の世話も行う。

後見座《こうけんざ》　鏡板左奥の位置。後見をつとめるシテ方（普通は二人、重い曲は三人）が並んで座る。

見所《けんしょ》　能の観客及び観客席のこと。舞台正面の席を正面、舞台の左側、橋掛りに近い席を脇正面、その間の席を中正面と呼ぶ。

物着《ものぎ》　能の途中、舞台で衣装を着替えたり、烏帽子などをつけたりすること。後見によって行われる。

中入《なかいり》　前・後半の二場面に構成された能で、前場の終りに登場人物がいったん舞台から退場することをいう。

床几《しょうぎ》　椅子のこと。能では鬘桶《かづらおけ》（鬘を入れる黒漆塗りの桶）を床几にみたてて、その上に座る。

作《つく》り物《もの》　主として竹や布を用いて、演能のつど作る舞台装置。

〈葛城〉のふる里

葛城山（**戒那山・篠峰**）

奈良県御所市・大阪府千早赤阪村

近鉄御所駅からバスで葛城ロープウェイ前へ、近鉄葛城索道線（葛城ロープウェイ）葛城登山口駅から葛城山上駅へ

標高九五九・二米。頂上付近は高原状で、四季折々、躑躅、紅葉、薄が広がり、周辺の眺望が開けている。大和三山も眼下に見える。奈良県側の麓は葛城氏の地盤であり、古代上の重要な場所である。

葛城坐一言主神社

奈良県御所市森脇

近鉄 御所駅からコミニュティーバス

『古事記』や『日本書紀』に記される葛城の神を祀る社。善事も悪事も一言で言放つ神で、一言だけならばどんな願いも叶えるということで有名。

（河村晴久）

お能を習いたい方に

能の謡や舞、笛、鼓に興味をもたれたら、ちょっと習ってみませんか。どなたでも能楽師からレッスンを受けられます。関心のある方は、能楽堂や能楽専門店（檜書店☎03-3291-2488　わんや書店☎03-3263-6771　能楽書林☎03-3264-0846など）に相談すれば能楽師を紹介してくれます。またカルチャーセンターでもそうした講座を開いているところがあります。

■鑑賞に役立つ　能の台本／観世流謡本・金剛流謡本

観世流謡本（大成版）

謡本は能の台詞やメロディー、リズムを記した台本兼楽譜。江戸時代から数々の修正や工夫をかさねて現在の形になった。謡本には他に、作者・作品の背景・節や言葉の解説・舞台鑑賞の手引き・配役・能面や装束附なども掲載されていて、鑑賞のための予備知識を得るにはとても便利。また、一般の人が、能楽師について能の謡や舞を稽古する時の教科書でもある。

曲　目／『葛城』他、二一〇曲
表　紙／紺地金千鳥
サイズ／半紙判（154×227ミリ）
用　紙／特別に漉いた和紙
製　本／和綴
定　価／各二五〇〇円〜二七五〇円（税込）

観世流謡本縮刷版

前記観世流謡本の縮刷版。古くより豆本・小本と呼ばれハンドバックやポケットに入り、携帯に便利であると愛用されている。

曲　目／『葛城』他、二一六曲
表　紙／紺地千鳥
サイズ／B7判・定価／九九〇円（税込）

☆現代語で理解する能の世界☆

対訳でたのしむ能 シリーズ

【本シリーズの特色】

○流儀を問わず楽しんでいただける内容
○現代語訳と詞章・舞台演能図も掲載
○演者が語る能の見どころや魅力
○装束・能面・扇、曲の旧跡の紹介
○観能のガイド、詞章の理解を深める手引きとして最適

著　竹本幹夫　三宅晶子　稿　河村晴久

A5判／二四〜四〇頁
定価／各五〇〇円＋税

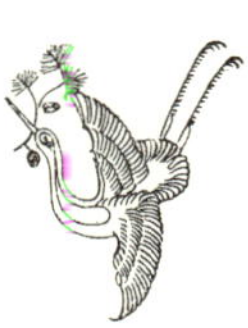

◆既刊

葵上／安宅／安達原／敦盛／海士／井筒／鵜飼／杜若／花月／葛城／鉄輪／通小町／邯鄲／砧／清経／鞍馬天狗／小鍛冶／桜川／俊寛／隅田川／千手／高砂／土蜘蛛／定家／天鼓／道成寺／融／野宮／羽衣／半蔀／班女／船弁慶／巻絹／松風／三井寺／三輪／紅葉狩／屋島／熊野／養老

◆以下発売予定

善知鳥／賀茂／西行桜／殺生石／忠度／田村／巴／花筐／百万／遊行柳／弱法師